Les vignettes illustrant les pages 16, 79, 100, sont ex-traites du *Journal à Paris;* celles illustrant les pages 17 et 60 sont extraites de *Manon·Lescaut;* celles illustrant les pages 61 et 78 sont extraites du *Roi de Camargue.*

Des

Livres Modernes

IMPRIMÉ A SEPT CENT CINQUANTE EXEMPLAIRES

Savoir :

20 exemplaires sur Japon. . . . . . Nᵒˢ 1 à 20
20 exemplaires sur Chine. . . . . . — 21 à 40
20 exemplaires sur Whatman. . . . — 41 à 60
40 exemplaires sur Vergé. . . . . . — 61 à 100
650 exemplaires sur Vélin teinté. . . — 101 à 750

EXEMPLAIRE Nᵒ *394*

Vignette de reconstitution traitée à la moderne

———

Gravée par MM. Verdoux, Ducourtioux et Huillard.

DES

Livres Modernes

Qu'il convient d'acquérir

PAR

HENRI BOUCHOT

DU CABINET DES ESTAMPES

L'ART ET L'ENGOUEMENT — LA BIBLIOFOLIE CONTEMPORAINE

LES PROCÉDÉS DE DÉCORATION

PARIS

Bibliothèque des Connaissances utiles aux Amis des Livres

ÉDOUARD ROUVEYRE, ÉDITEUR

MDCCCXCI

DES Livres Modernes QU'IL CONVIENT D'ACQUÉRIR

L'auteur au Lecteur

VOILA que, dès les premières lignes, mon titre me gêne un peu, et qu'il me faut l'expliquer pour me débarras- ser une bonne fois des malentendus qu'il comporte. Je le sens dogmatique, trop solennel, tavelé de pédanterie, soupçonné de réclame. On me va présumer de vouloir écrire un article plein d'al- lusions habiles aux nou-

veautés de l'heure présente, un avis agréable
aux libraires de toutes catégories.'Même pourra-
t-on supposer que la préoccupation personnelle me guidera dans mes digressions, et que
plus volontiers j'enverrai le lecteur aux officines
où dorment mes œuvres complètes. Ce serait se
tromper que de trouver tant de choses dans ce
titre. L'idée m'est simplement venue de généra-
liser, de formuler dans un opuscule sans prétention les lois courantes de la bibliophilie moderne ; c'est une intention et rien de plus, point une
leçon doctrinale sûrement, ni l'ukase *sine quo
non* d'un professeur en chaire.

Sur plusieurs points notre siècle est une am-
plification, un agrandissement du siècle dernier.
Nous avons élargi le cercle des opérations de la
rue Quincampoix en fait de finances ; en poli-
tique, nous avons doublé les desiderata anciens ;
en philosophie nous laissons les encyclopédistes
loin derrière. Et, pour parler de choses moins
sérieuses, quelle distance entre nos amoureux
modernes du livre, nos collectionneurs fréné-
tiques, et les fermiers généraux d'avant, retenus,

compassés, presque timides! La passion émi-
nemment française de former des bibliothèques
n'est plus chez nous l'apanage des lettrés ou des
désœuvrés, c'est un sport qui tend à se répan-
dre, comme celui des courses de chevaux ou
celui de l'escrime.

Il serait utile, sinon d'enrayer le mouvement
excellent en soi, au moins de lui donner une
direction rationnelle, basée sur l'expérience. Bien
que pénétré de cette opinion éclectique résultant
d'observations nombreuses, que tout est bon à
collectionner, et que les objets les plus futiles
d'apparence ont ou auront leur heure d'engouement, nous jugeons en toute humilité et franchise l'instant propice de ramener les exaltés à
la saine appréciation. C'est aux amoureux du
livre que je veux m'adresser, à ceux qui amas-
sent pour jouir, pour satisfaire un sens, et non
aux bibliophiles maniaques ou thésauriseurs,
plus occupés de finances que de littérature ou
d'art. Par sa nature même, sa diffusion quoti-
dienne, le livre du jour est pour le chasseur une
proie facile; la tentation est grande de ne rien

laisser passer de ce qui paraît, quand on n'a qu'à
vouloir pour avoir. Les « chercheurs de vieux »
bénéficient de la rareté des offres, ils ont loisir
de mettre un peu de réflexion sur leur feu. Au
contraire, les autres, sollicités par les catalogues, pressés d'être les premiers sur les rangs,
se jettent tête basse, acceptent bon ou mauvais,
et souvent, en dépit de leurs « Japons » ou de
leurs « Chines » enclosent précieusement les
pires misères qui se voient.

Il faudrait un grand tact et le jugement sûr
pour ne s'égarer pas en pareille matière, d'autant
qu'il est très difficile de donner sur le sujet des
lois immuables. Les curieux du livre proscri-
vent aujourd'hui de la pratique courante les
caractères elzéviriens, avec la même hauteur
qu'ils mettaient naguère à les louer, à les proclamer inimitables. La mode est à l'impression Didot, large, bien écrite, agréable. Voilà
donc qu'il est passé dans le monde spécial des
collectionneurs de faire la moue aux impressions
maigres, et de sourire gentiment aux grasses. La
vérité n'est point intransigeante ; elle prend en

chaque chose le bon qu'elle y trouve, et s'il est sage de ne pas s'exagérer les mérites du vieux type de Leyde, souvent employé hors de propos, un peu malingre aussi, il serait peut-être naïf de proscrire un beau livre ouvré de la sorte, quand il est habillé de vignettes délicates, soigné comme texte, et méritant à tous les autres points de vue.

L'amoureux du livre n'a guère de buisson tout fait, il quête à la façon des vieux veneurs qui ne prennent point le contrepied et ne s'embarquent pas sur un marcassin. Son gibier est de tout poil, pourvu qu'il soit en bon point et vaille la peine. Rien ne l'émeut de ce qui tourmente les novices. Il ne prend pas un elzévir sur ce que l'éditeur lui aura assuré que « les tirages blonds sont préférables », phrase charmante à mettre tout près de l'annonce célèbre du chocolat, « le seul qui blanchisse en vieillissant » ; mais s'il en trouve de bien timbrés, de délicatement historiés, il n'hésitera pas, parce qu'elzévirs. Réciproquement le Didot ne lui en imposera pas, et il le saura refuser, quoique Didot, si la mise en œuvre laisse à désirer.

Une fois le choix arrêté, la belle pièce habillée
de sa reliure, il ne la condamnera pas au repos
éternel, en vue de plaire à ses arrière-neveux,
les fameux *nepotes* de l'histoire. Il voudra tenir
son livre, l'ouvrir, en repaître son œil. Octave
Uzanne a précisé très finement le large fossé
qui sépare l'amoureux du livre du bibliophile
ordinaire. Le premier coupe ses volumes et il
les lit. *Il les lit !* L'autre les entasse, les enserre ;
leur reliure est une ceinture de pudicité, et le
sibi et amicorum des anciens est pour lui un
blasphème. Il ne retient même pas le *sibi* modeste, égoïste. Qu'il ait seulement ce que le voisin n'a pas, et voici le bibliophile heureux et
satisfait. Entre l'un et l'autre, il y a le fossé dont
je parlais, et le *sibi*.

Si l'on n'accepte pas au moins le *sibi* on est
assimilable à l'amateur de pots-pourris, bâclés
de bric et de broc, construits d'airs populaires
et de duos d'opéras ; l'art n'a rien à voir dans
l'affaire. Bon ou mauvais, tout pénètre dans le
trésor et y demeure jusqu'à l'inévitable dispersion posthume des héritiers. Au contraire, si on

élimine à bon escient, on prend rang près des artistes, immédiatement au-dessous d'eux ; on a une volonté, une règle de conduite, on opère par sélection et par raisonnement. Ce qu'on possède, on l'a désiré pour des motifs personnels, on a subi un entraînement calculé, et la réflexion a dominé l'extaxe.

On naît bibliophile ou amoureux du livre ; les meilleures homélies ne changeraient rien au caractère. Le premier est un gourmand, quasiment un glouton, friand de mets chers, recommandés, mis en montre ; l'autre, un gourmet qui goûte et ne mange qu'à son appétit, même des plats très simples.

Henri Bouchot

LES LIVRES CONTEMPORAINS

JE rejette pour l'instant la qualification de livre moderne, applicable tout aussi bien aux ouvrages parus depuis trois quarts de siècle en çà, pour m'en tenir au livre purement contemporain, aux œuvres publiées depuis dix années au plus.

Le livre contemporain se présente à nous sous deux formes : ou bien il bâtit à la mode du jour, s'inspire de nos mœurs, de nos idées particulières, ou bien il reconstruit les choses du passé. A vrai dire, le premier seul est justiciable du gros public, chacun le peut juger et en apprécier la vérité. L'autre s'estime sur la comparaison érudite entre ce qu'il nous montre et ce que nous apprennent les chroniques d'autrefois. L'écueil du livre de reconstitution, c'est précisément le travail patient qu'il nécessite, la pénible besogne pour le vignettiste de revivre l'existence des sociétés disparues. Si peu touché de pédanterie qu'on puisse être, on n'admettra point facilement les anachronismes grossiers, les lourdes fautes de transcription. Nos yeux se sont éduqués depuis un siècle, et s'il était possible à Boucher de costumer jadis les personnages de Molière en Louis XV, si Voltaire pouvait assister, sans rire trop, à une représentation de *Polyeucte* où les Romains portaient le frac à la française, la perruque et l'épée, de pareilles fantaisies nous choqueraient furieusement à cette heure. Il faudrait, pour nous faire passer sur ces imperfections, de bien extraordinaires qualités de mise en scène, et peut-être même que malgré tout, le rire impitoyable arrêterait l'œuvre dès la première minute.

Le livre de reconstitution porte en soi d'autres éléments de malechance. Eu égard au progrès des études historiques, il se démode vite. Ni le japon précieux ni le chine admirable ne sauraient le garder des mécomptes ultérieurs. A peine quelques esprits rares l'admettront-ils, comme la justification d'état de la science à une certaine époque. Tels livres romantiques où nos pères égrenaient les prodigieuses fantaisies de leur moyen âge inventé de toutes pièces, et qui valent encore par les comparaisons qu'ils suggèrent, sont en passe de devenir ridicules. Mais croyez que pour nos œuvres contemporaines du même genre, l'avenir ne sera ni moins cruel ni moins malicieux. Sauf pour aucunes gardées par la valeur propre de l'artiste, son dessin impeccable, les moins fortunées tomberont à néant.

Les bibliophiles alléchés par des catalogues pompeux, émoustillés par de fallacieuses promesses de suites d'estampes avant lettre, avec lettre, sur satin, sur chine ou japon des manufactures impériales, férus de l'idée d'ajouter une perle à leur couronne, en introduisant un Molière nouveau dans leur bibliothèque, de travailler pour l'avenir et de faire un placement de bon père, les bibliophiles qui ne coupent pas le livre, qui ne le lisent jamais, s'égarent et se préparent des rages folles. L'amoureux du livre ne s'y trompé

pas. S'il admet le nouveau venu, il l'a étudié,
il en a pesé le fort et le faible, il sait qu'à défaut
de vérité il se rachète par la délicatesse de l'impression, l'heureuse harmonie du texte et des
vignettes, que c'est un *gibier de fermier général,*
bon à recueillir. Mais si l'examen est défavora-
ble, si l'œuvre tire seulement un coup de pisto-
let, s'impose par des chatteries de fille, ron-
ronne à faux, il lui fait sa révérence.

Le livre d'actualité, immédiatement contemporain, a moins de surprises. Même ordinaire,
même simple, il vaut et vaudra. Pour l'imprimer, l'éditeur n'a point à se torturer la cervelle ; l'illustrateur prend son inspiration autour
de lui, sans recherches ; ce qu'il montre est ce
qu'il voit, ce que nous voyons à toute heure. Le
livre subira comme le costume, la mode, l'architecture ou les meubles, cette passade un peu
délicate où le dégoût vient de ce qu'on a trouvé
joli. Puis, après trente ans, quarante au plus, le
retour se fera naturellement. A la Restauration,
l'*Histoire du costume françois* de Moreau le Jeune
se débitait en cornets dans les épiceries ; sous le
troisième Empire, on se tordait de rire en feuil-
letant les recueils merveilleux de Devéria ; de nos

Vignette de la *Vie rustique*. (Launette et Boudet, éditeurs.)

jours, on admet à peine les ouvrages d'avant 70. La loi est curieuse, mais indiscutable. Lorsque, le cycle écoulé, la période d'incubation fournie, on revient aux œuvres d'époque, la folie s'en mêle un peu. Les portraits coiffés à la girafe, que nous retournions contre le mur, nous les reprenons avec fureur. Le moindre bouquin indignement maltraité jadis, livré aux enfants, reçoit un habillement somptueux. Laissez courir le demi-siècle, je ne dirai pas sur les *OEillets de Kerlaz* édités par Conquet, la *Vie rustique* chez Launette, *L'Abbé Constantin* chez Boussod et Valadon, dont le prix est un garant de conservation, mais sur de moindres travaux, les *Chansons enfantines* de la librairie Plon, par exemple, les *Albums* de Mars ou de Caran d'Ache, et si vous avez le bonheur de vivre, vous en verrez la fortune. Il y a pour l'instant tel album de macédoines, signé Gavarni, dont nos pères s'amusaient dans leur enfance, qui se couvre d'or, et que les amoureux du livre contemplent avec extase. Et *Le Diable à Paris!* ce merveilleux diable, qu'on pourrait affubler lui aussi d'une corne d'abondance, comme le *Bon Diable* du magasin d'habillements, tant il représente d'espèces sonnantes à qui le possède en bon état, surtout s'il a gardé sa couverture !

Tandis que toutes les vignettes de reconstitution ne vous apprendront rien de réel, de vrai, ni sur Molière, ni sur Racine, ni sur Rousseau, le plus infime graillon, écrit et illustré par des contemporains, vous apportera le parfum des choses vues, ressenties et vécues.

Le véritable amoureux du livre connaît ces lois imprescriptibles ; il ne s'en tient pas à l'accumulation banale des œuvres classées, il n'omet rien de ce qui porte en soi le cachet de durée. Il n'a pas les suprêmes dédains du bibliophile de race et de naissance pour tout ce qui n'est pas tirage à petit nombre et premier état ; Panurge le chasserait de son troupeau pour cause d'indocilité. Il sait, l'amoureux, que même répandus à profusion, les travaux secondaires trouveront plus tard leur rareté dans le fait d'avoir eu peu de valeur au début. C'est l'histoire du journal quotidien dont on ne voit pas dix exemplaires après vingt ans. Son flair le guide, il devine le gaspillage, et crée un objet rare en le sauvant à propos. Sans doute il n'amasse pas pour amasser, et il discerne ; ce discernement est même toute sa

Vignette de *Sous bois*. (Conquet, éditeur.)

gloire. Suivre les autres est le propre des ignorants, les dépasser, deviner l'avenir, courir tout seul les sentiers à peine frayés est le fait du malin, de l'amateur de race.

Entendez aujourd'hui les doctrinaires, ceux qui mettent un dogme en tête de chaque chose, ils vous diront que la bibliophilie exige pour l'impression le caractère large et ample, et pour la vignette, l'eau-forte ou le bois seulement. Les procédés héliographiques, encore qu'ils aient cet avantage de transcrire l'idée d'un artiste à peu près sans erreur, sont bannis. *Le Conte de l'Archer,* naguère publié par Rouveyre et Lahure, décoré de vignettes chrômiques d'aspect si joyeux, n'a pas su dérider les bonzes. Ils ont assuré que cela n'était pas, et pour beaucoup cela n'est pas. L'amoureux du livre n'a pas hésité une seconde, il lui faut rendre cette justice. Je n'irai pas jusqu'à dire que l'opinion des autres lui prescrivait la contradiction ; mais il a pris le *Conte de l'Archer* comme un monument singulier, la note particulière d'un temps. Tout au plus pouvait-il regretter le côté un peu romantique, un peu reconstitution de la vignette, et s'avouer qu'on eût été mieux inspiré d'appliquer ce procédé

à des scènes contemporaines, sûres de vivre, à
l'illustration de quelqu'un des romans actuels,
dont il eut supérieurement interprété les tendances.

C'est dire que l'amateur éclairé, raisonneur,
ennemi des opinions d'école, n'écoute en pareil
cas que son désir égoïste, son *sibi*, sans nul
souci des *amicorum*. Le moyen de dire lui importe peu, pourvu qu'on dise. Il n'est point
hostile aux eaux-fortes, aux bois, au burin, il en
apprécie la douceur et la clarté, mais il demande
à voir. S'il recherche le tirage en japon d'un
livre, c'est que ce livre est décoré d'eaux-fortes
et que la vignette reçoit du papier un velouté et
une douceur fort désirables. Pour l'illustration
sur bois, il se procurera des chines souples,
dociles, accrochant au passage du cliché les
moindres finesses des tailles. Sauf pour les ouvrages sans figures dans le texte, il refusera tout
net les hollandes raboteux, striés, capricieux,
qui reçoivent mal l'empreinte des reliefs. Il ira,
l'indocile et mal inféodé personnage, jusqu'à se
contenter d'un vélin vulgaire, s'il lui paraît que
le papier plus blanc s'arrange mieux du travail
d'un artiste.

Je voudrais mettre mon amoureux du livre
en face des ouvrages contemporains, et vous in-
diquer les motifs qui l'ont guidé dans ses choix.
Mon modèle existe, il est riche et il collec-
tionne avec fureur : deux choses qui me sont
également étrangères. Au fond, cet indiscipliné
est un classique qui amasse à la façon des vieux,
sans admettre dans un livre les intercalations
de gravures étrangères, les mille subtilités em-
ployées aujourd'hui, et qui veut le document,
c'est-à-dire le volume tel qu'il est né. Il adore
les antiquailles, mais très pures : les *Heures* de
Simon Vostre, aux armes de Louis XII ; les
Nugæ de Nicolas Bourbon, reliées par Geoffroy
Tory ; le *Ballet* de Beaujoyeulx, à la fanfare, toutes
œuvres habillées par un contemporain immé-
diat, et parlant la langue de leur temps. Pas une
note discordante, très peu de livres des siècles
passés, mais sans une tare.

Pour les modernes, il a élargi son champ. Ses
rencontres ont été heureuses. Longtemps avant
que M. Brivois n'eût ramené l'attention sur les
ouvrages romantiques, notre homme avait em-
magasiné les meilleurs, presque toujours dans
leur reliure d'origine. Il possède un inimitable

3.

exemplaire des *Contes drôlatiques,* où Doré a écrit des remarques ; la plus grande partie des livres de mœurs, depuis l'*Ermite de la Chaussée-d'Antin* jusqu'aux albums du siège de Paris, en passant par tous les romans historiés parus dans ces quatre-vingts dernières années. J'entends les romans absolument contemporains, et point les fantaisies historiques ni les reconstitutions héroï-comiques de nos pères.

En ce qui nous touche de plus près, les travaux de librairie de ces derniers temps, « la tentation journalière », suivant son mot, il s'entoure de prudence. Les catalogues les plus enfarinés le laissent froid, il attend et se cherche une opinion. Il a sur le fait des reconstitutions l'hésitation dont je parlais tout à l'heure. S'il s'est procuré le *Molière* de Leman, commencé par Lemonnyer et continué par Testard, c'est qu'il a comparé les encadrements et les vignettes, aux décorations de Bérain, aux costumes de Trouvain, de Bonnard, de Chauveau et de Leclerc. Encore que les inventions de Leman lui parussent un peu gauches, pas toujours très agréables, il s'est rendu, sans entraînement d'ailleurs, à la prodigieuse dépense d'érudition de l'artiste et à

Vignette de la *Chronique de Charles IX* (É. Testard, éditeur.)

sa conscience. Il ne dit pas que Molière « eût été heureux de se voir ainsi habillé », il constate simplement que, pour un moderne, Leman s'est tenu au plus près de la vérité. Il a de même acquis le *Molière* de Leloir, chez Jouaust, pour d'autres raisons qu'il explique longuement. D'abord à cause de la valeur artistique indiscutable de l'œuvre, du diable au corps des figurines, et aussi — voilà le plus inattendu — parce que ces costumes, ces agencements, cette mise en scène, lui montrent, en leur état actuel, les progrès de la Comédie Française sur la reconstitution. Ce n'est pas définitif encore ; mais c'est en l'an de grâce 1890 ce que les comédiens de la République croient être le plus rapproché du vrai.

Il me l'a avoué tout net, et j'ose à peine le répéter aux bibliophiles, il n'a ni les suites de Tony Johannot sur le même sujet, ni celles d'Hillemacher, ni celles de Lalauze, ni celles d'Hédouin. Il met au-dessus de ces variations jolies sur un vieux thème, la chanson contemporaine du médiocre graveur J. Sauvé, d'après Brissart. Brissart avait pu voir Molière, et quoique n'étant pas absolument « du temps », il en est tout

près. Si notre amateur s'est abstenu d'acquérir
l'album d'Hédouin, c'est faute d'une de ces notes
marquantes qui s'imposent, et parce qu'il le faut
joindre à des livres pour lesquels il n'a pas été fait
à l'origine. Il lui a préféré les œuvres de Boucher
et Laurent Cars dans une reliure de Louis XV.

L'amoureux du livre s'est montré d'une réserve
particulière à l'égard de l'œuvre la plus impor-
tante de ces derniers temps, le *Boileau* de la
maison Hachette. Il a sa manière de marquer
d'un mot précis ce qu'il pense. D'après lui, il se
faut garder comme de fièvre des Croix-de-Berny
de toutes catégories, le jeu n'en vaut rien. La
Croix de Berny, ce fut, vers le milieu de ce siècle,
un roman composé à plusieurs sur un sujet donné, une sorte de *four in hand* littéraire dont
Jules Sandeau, George Sand et autres écrivaient
des pages en se renvoyant la balle. Sur le fait d'illustration, « les Croix-de-Berny » sont rarement
heureuses, témoins les Fables de La Fontaine, de
Jouaust, excellentes par endroits, médiocres en
d'autres, sans homogénéité et sans accord. Le *Boileau* se présentait sous cette forme un peu redou-
table, malgré que les premiers artistes d'aujourd'hui se fussent attelés à la besogne. Notre

Vignette de *Manon Lescaut,* dessin de Maurice Leloir.
(Launette et Boudet, éditeurs.)

amateur s'est rendu pourtant, non que les planches lui semblassent toutes bonnes, mais pour
l'excellence de certaines d'entre elles. La reconstitution savante n'a rien à voir dans ces fantaisies ;
il va de soi que ni Delort, ni Heilbuth, ni Madeleine
Lemaire n'ont su chausser les sandales de maître
Nicolas ; mais il y a des chefs-d'œuvre d'arran-
gement dans les en-tête et les fleurons, une typographie supérieure, des compositions hors de
pair, signées Merson ou Gérôme. On doit posséder un pareil monument, et il le faut posséder
avec toutes les herbes de la Saint-Jean, ses états
de planches, ses premiers tirages. Une grosse
folie pour une fois, mais bien pardonnable.

Dans le même cercle des restitutions de costumes et de mœurs, la *Manon Lescaut* de Maurice
Leloir, chez Launette, supporte l'examen sans
broncher. Malheureusement, les bibliophiles de
naissance en ont gêné l'allure. On s'est cru forcé
pour leur plaire de varier les encadrements à
chaque page, d'écraser les charmantes vignettes
sous le rococo des décorations surchargées. D'une
œuvre remarquable en soi, à peu près définitive,
pleine de résurrections spirituelles et ingénieuses,
on a fait un livre un peu prétentieux, « légère-

4

ment lourd » si l'on ose accoupler ces vocables
divergents. N'ayez crainte, l'artiste n'est pour rien
en ceci, l'éditeur non plus guère ; ils visaient un
public spécial et ils l'ont trouvé enthousiaste.
Notre homme conclut : « Voilà ce que les bibliophiles nés, *ceux qui ne coupent pas les feuillets,*
commettent chaque jour. Comme ils ne *lésinent*
pas, on veut leur plaire ; ils n'ouvrent qu'une fois
l'œuvre, pour l'acquérir ; ils payent cher si on
leur donne beaucoup ; alors on ajoute des lam-
brequins aux figures, on mettrait pour les ama-
douer des plumes à un crocodile et une crino-
line à Pallas Athéné ! »

Tous les vignettistes modernes accommodant un
vieux texte subissent la loi de l'acquéreur im-
pressionnable. Ils doivent plaire avant tout, pour
avoir place dans le royaume de bibliophilie ; s'ils
cherchent à entrer dans la peau du bonhomme,
comme on dit, ils ne sont pas compris. Nos amateurs procèdent de l'opéra ; ils en sont restés pour
le seizième siècle aux costumes des *Huguenots,*
pour le dix-septième, aux accoutrements du
Théâtre-Français ; pour le dix-huitième, aux ber-
gerades de Scribe. Cherchez à faire vrai et on vous
rira au nez. De là, l'apparition sempiternelle et

madrée de ces classiques ressuscités galamment à la mode de nos scènes lyriques, et qui s'enlèvent sans souci à plusieurs centaines d'exemplaires de luxe, avec tirages triples ou quadruples de leurs vignettes, aquarelles originales en tête, et faveurs roses en tous endroits. De temps en temps, un bon travail, agréable et artistique en dépit de tout, mais si rare! L'*Hamilton* de Delort, par exemple, finement conçu et finement gravé, mais aussi loin des héros d'Hamilton que nos contemporains gommeux le sont des collets noirs du Directoire.

« Loi. Comme ces ouvrages ne nous montrent pas les personnages vrais de l'époque qu'ils veulent représenter, ils ne valent que s'ils sont d'un art supérieur. Médiocres, ils doivent être rejetés sans miséricorde.

« Des gens comme Racine, Molière, La Fontaine, n'ont aucun besoin de commentateurs graphiques.

« L'amoureux du livre choisira ces auteurs dans leurs éditions originales et n'y intercalera en aucun cas les suites d'artistes postérieurs.

« De la sorte il pourra les lire sans être dé-

tourné de sa jouissance par la vue intempestive
de choses discordantes. »

– Diable, comme mon amoureux du livre y va!

*
* *

Au regard des livres essentiellement contemporains, écrits par des hommes de notre temps,
sur les passions et les mœurs de notre temps,
illustrés par des dessinateurs d'à-présent, ses
intransigeances se manifestent en sens contraire.
Le voici tout près d'accueillir tout, à peu près
sans examen, et ses enthousiasmes vous cause-
raient de fréquentes surprises. Comment! parmi
les admirables livres d'autrefois, le *Champfleury*
de Tory, les *Entrée de Henri II à Lyon*, de Ro-
ville, les *Misères de la guerre* de Callot, parmi
tant d'autres raretés insignes, une *Muse à Bibi*
d'hier, reliée en maroquin lie de vin, avec son
titre précieusement gardé, le *Pauvre Pierrot*
de Villette dans un habit somptueux, les *Albums*
de Caran d'Ache, même je ne sais quelle machine
couleurée par Gyp, sur les élections en province!
Eh! mon Dieu, oui, de ces choses! De celles-là
et de pires encore, achetées en tous endroits,
toutes simples, telles qu'on les voit se déchirer

partout, se salir sous les doigts, et disparaître
une à une. Pensions-nous donc que ces objets
vulgaires dussent mériter moins d'honneur
que tous les cris de Paris du seizième ou du
dix-septième siècle, les planches populaires de
Jean Le Clerc ou de Lagniet, pour l'instant
recherchées à cause de leur intérêt docu-
mentaire? Pourquoi pas aussi bien eux que
la *Vie de Polichinelle*, d'Octave Feuillet, publiée
par Hetzel en 1856 à l'usage des enfants, et que
les curieux les plus titrés installent à la bonne
place de leur bibliothèque? Est-il prudent d'at-
tendre leur disparition pour les proclamer intéres-
santes, ces notules infimes de notre vie? Il y a dans
le monde plusieurs volumes amusants, presque
dédaignés à cause de leur prix modeste, comme
les *Tartarins* de la collection Guillaume, la *Vie
d'Artiste, Sapho, l'Immortel,* encore que très
bâclés souvent, qui resteront sur nous autres les
meilleures sources de renseignements — tel le
fameux *dépliant* des Tarasconnais, où toute une
existence se déroule avec ses hauts et ses bas,
ses fortunes et ses misères. L'entassement de ces
besognes hâtives n'exclut pas une certaine sélection artistique ; il ne faut point s'abandonner

4.

au parti pris, et sans réflexion posséder pour
posséder seulement. L'amoureux du livre ne
s'embarrassera point de tous les romans soi-
disant moraux où quelque scène moderne pro-
prement gravée montre la vertu récompensée et
le vice puni à la dernière page. Il voudra l'originalité, la volonté, le brio du vignettiste et la
qualité de l'écrivain, qu'ils besognent sur japon
ou sur papier à chandelles.

Est-ce à dire que les ouvrages d'art contemporains fassent défaut, et qu'il se faille, manque
d'eux, rejeter sur les modestes ? Assurément non.
Vit-on jamais pareille éclosion de chefs-d'œuvre
que de nos jours ? Ceux-là, l'amoureux du livre
les veut hors de pair, défiant toute critique
jalouse. Il possède la *Vie rustique* de Theuriet
et Lhermitte, un immortel et puissant poème,
dans toute la fleur d'un papier de Chine soyeux,
ayant bu l'encre jusqu'aux moindres tailles. Son
triomphe, c'est d'avoir pensé que les bibliophiles
n'ont pas compris cette œuvre maîtresse, et l'ont
un peu dédaignée ; trop de franchise brutale et de
vérité pour leur plaire ! Mais, dans le texte et dans
les planches, quelle somme de talent et de vigueur
épandue ! On ne sait lequel des trois collabora-

Vignette de la Vie rustique (Launette et Boudet, éditeurs.)

teurs a su le mieux dire ce qu'il ressentait : Theuriet en face des paysans, Lhermitte en face des paysages ensoleillés ou brumeux, Bellenger en face des fusains merveilleux qu'il lui fallait traduire mot à mot. On parle sans cesse en bibliophilie des *Contes rémois* de Meissonier, parce que les voici passés dans la légende ; sont-ils de beaucoup supérieurs à ce travail d'hier, qu'on n'a qu'à vouloir pour le posséder dans les plus admirables conditions de tirage ?

Un soupçon de miévrerie, mais beaucoup de grâce et de charme encore dans le *Secret de Gertrude* du même Theuriet, illustré par Emile Adan, le peintre des automnes silencieux, des couchers de soleil tristes, et des crépuscules mélancoliques. Point de ces excentricités bruyantes, tirant l'œil et forçant l'attention. Des gravures sur bois un peu trop sincères peut-être, trop fac-similé, et qui apparaissent nacrées et brillantes sur le papier de Chine. Même encore, si l'on veut, *Nos oiseaux*, toujours de Theuriet, avec les jolies pages décorées par Giacomelli de petits pinsons et de mésanges.

Et *Tolla?* car il y a *Tolla* chez Hachette, une bien fine et supérieure surprise de ces derniers temps, quelque chose de parfait, dit-on, dans le genre! Ah oui, *Tolla*! *Tolla* est merveilleux, *Tolla* domine, *Tolla* a trouvé chez Myrbach un metteur en scène sans pareil, invraisemblablement habile et divinateur. C'est la perfection idéale que ces bois veloutés, précis, colorés comme des eaux-fortes, que cette typographie claire et engageante, mais...

De la reconstitution, après tout, du gibier de bibliophile! Ce monde d'About, Myrbach ne l'a pas connu, il en parle sur des ouï-dire. L'amoureux du livre possède *Tolla*, mais seulement pour l'art qui s'y montre; il en blâme un peu les en-tête polychromes, dont le texte n'a que faire en dépit de leurs savants repérages; il a constaté plusieurs fautes de détail sur le chapitre des robes et des chapeaux, grave histoire à qui recherche la vérité implacable. Et pourtant, sur la reliure rouge, Amand, je crois, ou un autre, a reproduit, pour lui le profil rieur de l'une des deux Anglaises en visite, la plus jolie planche du livre. L'intransigeance de l'amateur a capitulé, tant de grâce l'a désarmé, il s'est laissé vaincre.

Voyez le classique pourtant que des polychro-

mies à peine sensibles, très douces à l'œil, dé-
routent dans un ensemble noir! C'est le plus grand
reproche qu'il puisse faire à *L'Art d'être grand-
père*, dans l'édition du *Moniteur universel*. Trop
de feuilles d'arbre en bistre semées et éparses
dans les pages! Si le livre est en couleurs d'un bout
à l'autre, très bien, c'est une opinion respecta-
ble, et notre amateur s'y range aussitôt; mais un
simple ton discordant, tombé parmi le noir des
encres sans motif appréciable, il ne l'admet pas.
C'est une tache inutile, une cause d'ennui; cela
donne une peine énorme aux imprimeurs, et
produit un effet banal. Les vieux avaient raison
qui rejetaient ces bariolages de billets de banque.
D'ailleurs, c'est une loi en typographie de ne
pas tirer les bois hors du ton général. Ceux-ci
ont une valeur d'alliance avec les caractères,
un traité qui les lie étroitement. Partis sur
une toute pareille destination, ils s'égarent s'ils
dénoncent la convention et agissent à part;
ils s'amollissent, perdent leur accent et sont
écrasés par le voisinage turbulent du texte.

Il faut le dire, quelque tolle qu'on puisse sou-
lever chez les bibliophiles, il n'y a de polychro-
mie possible qu'avec les vignettes héliographi-

ques, les simples zincos du *Conte de l'Archer*, ou
les tailles-douces de la maison Goupil. Les premiers, obtenus parfois en relief comme les clichés sur bois, réduits à une simple copie de
contour, attendent le coloriage au pinceau que
de très habiles praticiens y déposent, une fois
le tirage du texte achevé. Telles les *Chansons enfantines* de chez Plon. Les tailles-douces photo-
graphiques, au contraire, encrées à la poupée,
impriment sur le papier directement la gamme
chromique, à la façon des estampes peintes de
Debucourt ou de Carle Vernet. C'est œuvre
mécanique, assurent les doctrinaires, et de pareils
travaux ne méritent point l'honneur des bibliothèques hiératiques. Ceci n'est point l'avis de
l'amoureux du livre. Machines si l'on veut, besogne du soleil ou de la lumière, mais agréable
malgré tout et souvent très sincère. Lorsque des
peintres comme Neuville ou Detaille s'accommodent d'un semblable agent de traduction, ils y
trouvent donc leur compte. Ils n'ont plus à subir
les tendances spéciales d'un graveur interprète,
traître parfois, *tradutore, traditore!* Alors pourquoi repousser ce moyen, si ceux-là le veulent
bien admettre qui sont les meilleurs juges? Le

procédé s'estime sur les résultats : Gillot et Goupil
ont fait leurs preuves.

_ L'amoureux du livre s'est procuré *L'Abbé
Constantin* de Ludovic Halévy, historié par Madeleine Lemaire ; il croit à ce livre, en dépit de
l'allure un peu monotone, un peu féminine de
l'illustration, à cause de son extrait triple de
modernisme voluptueux. Révérence gardée, il
l'a comparé aux plus délicates mollesses de l'ancien régime. C'est notre existence mondaine
décrite avec son cortège de câlineries, de futi-
lités, de fausses piétés, son patchouly et ses
poudres. Madeleine Lemaire y devient notre
Lawreince, notre Baudouin ou notre Janinet.
Entre ceux-là et l'artiste contemporain, il n'y a
guère que le siècle écoulé, et la photographie
remplaçant l'aqua-tinte ; sur les autres points,
tout est resté de même tendance et de pareil
résultat. On n'oserait point dire que dans moins
de cent années *L'Abbé Constantin*, devenu rare,
prendra rang près des supérieures estampes
signées de Moreau le Jeune, mais la faute res-
tera nôtre, qui n'avons point su former de Moreau. Pareillement, le *Flirt* de Paul Hervieu aura
le succès durable, et notera pour nos succes-

seurs le singulier état d'esprit de notre monde
fin de siècle, nos bourgeois teintés d'aristocratie
financière, nos désœuvrés raisonneurs et in-
croyants, nos gandins entraînés aux sports divers
comme des bêtes de courses. Accueillir ces livres
c'est faire œuvre de philosophe pour le moins,
autant que d'amateur, puisque l'art s'y montre
dans sa sincérité d'origine, sans presque d'inter-
prétation, et que les aquarelles du dessinateur
ont gardé leurs intentions, leurs malices et leurs
sous-entendus, grâce à la machine inconsciente
qui les fixe.

L'amour du livre n'est donc point une passion
oiseuse et banale, assimilable à celui des coli-
fichets ; il est nécessaire de le répéter et de
le redire encore. Il se rit des théories toutes
faites, des coteries ; il va où le pousse son en-
vie, et l'assurance qu'il tire de soi le guide en
chaque chose. Les confrères du dogme repous-
sent l'héliogravure, comme jadis la lithogra-
phie, puis l'eau forte, qu'ils consacrent aujourd'hui dans leurs dithyrambes. Au fond,
qu'importe le procédé si l'ensemble est vrai, s'il
nous rend au plus juste l'impression des tableaux
journaliers, et s'il nous contente ? On a dit, en

Vignette pour *Les Chouans*. (E. Testard, éditeur.)

mettant quelque mépris dans cette déclaration,
que les illustrations de Madeleine Lemaire, de
Lynch, de Myrbach, publiées en héliographie et
coloriées, étaient surtout destinées aux mon-
dains dont elles amusent les après-dînées plu-
vieuses ou les soirées de campagne. N'est-ce
point leur reconnaître involontairement leur
plus grand mérite? Elles plaisent, donc elles
sont sincères, et si elles sont sincères, elles
s'élèvent du coup au beau titre de document
graphique dont l'amateur avisé, prévoyant de
l'avenir, ne saurait faire trop de compte.

Empêchent-elles d'ailleurs le collectionneur
de se pourvoir à son gré d'autres d'œuvres? Elles
sont une façon de langage à part, un peu plus
brutale, qui n'exclut pas les urbanités voisines.
Sur le fait de beaux livres modernes décorés à
l'eau forte, on n'a que l'embarras du choix pour
le quart d'heure. Quand on ne peut pas dire une
chose, on la chante ; quand ni le bois ni l'héliogravure ne conviendraient à un travail, on
l'habille « à la Rembrandt », et le voilà célèbre.
Célèbre à ce point, que les plus dédaigneux, les
plus épilogueurs, se rendent à merci sur l'annonce de pointes sèches, et se pâment d'aise.

5.

Du grec, quelle douceur! Qu'importe si l'aquafortiste se substitue éperdument au dessinateur et
dénature son idée, énerve ses effets, et parle un
peu trop de soi-même! Comparées aux originaux,
les planches du *Boileau* dont nous parlions ci-
dessus ont bien souvent tourné la volonté du
modèle pour courir d'autres lièvres; je dis
quelques-unes seulement, entendez bien.

Eu égard à la qualité de travaux immédiatement contemporains, de pièces d'époque, c'est
en tous endroits un feu d'artifice de jolies besognes, bien dessinées, très plaisantes à l'œil,
mariées aux textes savoureux de Didot, de Lahure, de Dumoulin ou de Chamerot. Les éditeurs
Conquet, Testard, Lemerre, se sont fait une spé-
cialité du genre, ceux-là plus volontiers rappro-
chés de nous, ce dernier lutinant les anciens à la
fois et les nouveaux en de très petites vignettes
inspirées du dix-huitième siècle, tout en gardant
un caractère moderne indéniable. Lemerre a
fourni aux amoureux du livre une *Madame
Bovary* de Flaubert, quasi microscopique, qui
marquera son heure comme les figurines de Gravelot notent celle de Mme de Pompadour. Mais c'est
Conquet dont les livres à vignettes contempo-

raines, presque d'actualité, sollicitent le plus
l'attention. Sans doute l'art de ces figurines ne
suffirait pas toujours à les distinguer, si la valeur
extrinsèque de costumes et de mœurs ne leur
apportait un élément de succès persistant. Mais
cette raison d'être pour nous la chronique spi--
rituelle ou émue de nos contemporains, d'en
écrire gentiment l'histoire en figures, suffira à
les classer pour toujours dans nos bibliothèques.
Ajoutez que dans l'espèce nous sommes en pré-
sence de bijoux-d'impression et de format, que
les papiers en sont merveilleux, et que les plus
intransigeants bibliophiles n'y sauraient gloser.
Voilà donc en l'honneur de nous autres, sans
obligation de restitution et de science érudite,
des livres rivaux de ceux d'autrefois, des ma-
nières de *Chansons* de Laborde, sauf le respect
dû aux anciens. A vrai dire, nous pourrions regretter un peu que les peintres, les vrais peintres,
ne se mettent plus à ces œuvres, et qu'ils aban-
donnent l'illustration à des hommes certainement
très méritants, pleins d'intentions excellentes,
mais un peu compassés et retenus. *Sylvie*, de
Gérard de Nerval, a rencontré dans Rudaux une
volonté et une conscience indéniables, mais on

pourrait reprocher quelques timidités à la pointe
de l'aquafortiste, des maigreurs souvent. Habillée dans le texte, à la façon des bois, l'eau-
forte doit hausser le ton pour se maintenir, ici
elle abandonne un peu la place. De même pour
la *Mionette* d'Eugène Muller, et un peu aussi
pour les *OEillets de Kerlaz* de Theuriet, le chef-
d'œuvre de la maison, dont les en-tête et les culs-
de-lampe ont quelque froideur. Ces restrictions
faites, quelle joie pour l'amoureux du livre de rencontrer ainsi costumées et pimpantes, avec tout
l'attirail obligé des éditions soignées, des œuvres
d'aujourd'hui, chaudes de notre vie, vivant avec
nous, telles que les *Contes à Ninon* de Zola,
Fromont jeune de Daudet! Celles-là n'ont pas
crainte que leur réputation diminue; si nous en
jugeons sur les exemples passés, elles laisseront
loin derrière elles les pénibles reconstitutions.
Même leurs petites imperfections se perdront
dans leur gloire.

Il faudra voir chez Quantin aussi, dans les chefs-
d'œuvre des romans modernes; chez Testard, les
parties contemporaines des livres de Victor
Hugo; chez Jouaust, plusieurs pièces de choix :
la *Page d'amour* de Zola, les *Contes* d'Alphonse

Vignette du *Roi de Camargue*. (E. Testard, éditeur.)

Daudet; chez Ferroud plusieurs raretés; guetter partout et en tous lieux les perles échappées par hasard à des officines inconnues, coquettement habillées par des parents pauvres mais ingénieux. Même il les faudrait recevoir de province, si la province se mettait à en produire quelques unes. Mistral illustré par un Provençal, imprimé par des Provençaux! Brizeux, par des Bretons bretonnants capables de le comprendre; George Sand, par des Berrichons!

Décidément mon amoureux du livre est un original, un monsieur trop indépendant par le temps qui court; j'ai quelque souleur à vous transcrire ses boutades.

LA BIBLIOFOLIE CONTEMPORAINE

J<small>E</small> demande pardon du mot, construit par Uzanne, de grec et de latin — folie est-il latin? — il est le seul qui donne à nos fantaisies contemporaines leur réelle physionomie. La manie est devenue démence, hystérie, rage. Le collectionneur de livres ne s'en tient plus aux simples moyens de jadis, et sa passion s'irrite de l'engouement des autres. Pour marquer aujourd'hui parmi les amateurs sérieux, il est de bon genre de se singulariser, de posséder seul l'exemplaire rare, et de le faire unique par toutes les supercheries d'imagination. Déjà le tirage vieillot sur peau de vélin ne

6

tente plus, on le répute « papa », bourgeois, vieux
jeu. Le véritable *mouton à cinq pattes*, — je parle
la langue d'usage, — le phénix, l'oiseau introu-
vable, ne se contente plus de ces élégances su-
rannées ; ce phénix a d'autres envolées, et souvent
bien inattendues ; il se pare des plumes d'autrui,
se pimploche à la façon des demoiselles, s'arrange
de mille « trucs » étrangers à l'art de librairie.
Tout dernièrement, un bibliophile de la bonne
école nous montrait, avec le petit tremblement
des possesseurs heureux, un formidable in-folio,
aux allures de Bottin, qu'il prétendait être le
Paris de Vitu, sur papier du Japon. Malpeste !
quel japon, si les feuillets serrés dans la reliure,
écrasés par les presses, gardaient encore cet
aspect éléphantesque ! Eh ! c'était un leurre ;
le japon, tout beau qu'il fût, n'était pour rien dans
l'histoire ; l'embonpoint était emprunté, comme
autrefois les grossesses de la reine Marie d'An-
gleterre. Ce *Paris* recélait dans ses flancs re-
bondis la plus incroyable salade, le salmigondis
le plus saugrenu qui se puisse rêver. Des eaux-
fortes de Meryon, de Potémont, d'Israël Silvestre
même, des lithographies de Victor Adam, des
dessins, des héliogravures. Un cabinet d'estampes

complet, un magasin d'images grandes, moyennes
ou petites, ramenées au format général par d'ingénieux remmargements. « Voilà ce que vous
ne verrez pas souvent, murmurait le propriétaire
en tournant les feuilles (il n'eût pas souffert que
je les tinsse!) Vitu lui-même... — Oh! certainement, Vitu... » et j'acquiesçais de la tête lâ-
chement, en m'avouant que M. Vitu, l'auteur, le
père, n'en aurait jamais eu le courage...

Ceci n'est point de l'invention de ce con-
vaincu; à d'autres la responsabilité de ces folies.
Néophyte, notre homme agissait à la façon des
catéchumènes, presque toujours dépassant leurs
maîtres. Mais cette étrange manie existe à présent chez nous, elle s'est implantée à la faveur
de mille pratiques extra-artistiques : la mode des
suites gravées en vue d'illustrer des ouvrages
originairement publiés sans vignettes; la multiplication des états de planches dans les livres
historiés; la vente pour un exemplaire unique
des dessins originaux ayant servi à la décoration,
même et surtout l'intercalation de portraits com-
binés en passe-partout et pouvant s'adapter à
tous les formats du monde.

Le moindre reproche à faire en pareil cas,

c'est l'inutilité; je ne parle pas des dessins qui peuvent, vaille que vaille, se comprendre, mais des états répétés, ou des suites étrangères. Cette dernière pratique surtout est particulièrement oiseuse. Il va de soi que l'illustration d'un ouvrage vaut surtout par le mariage assorti de l'impression et des figures, des caractères et des papiers. Prenez les très jolies estampes du *Musset* gravées par Lalauze sur les dessins de Lami, tirées sur papier du Marais, tout battant neuves et propres, et cousez-les dans un volume défraîchi, piqué, vous en verrez la misère. On les prétend destinées à l'édition des *Amis du poète*, publiée chez Charpentier; mais qui empêchera un amateur de les insérer ailleurs? même dans les volumes de Charpentier, elles font bizarre figure. Le *Molière* d'Hédouin qui a pareille destination, peut s'accommoder des textes de Furne, de Garnier, de Jouaust, — et Leloir je vous prie? — On peut même le joindre aux illustrations de Leman, ce qui est au moins une surcharge. A quoi bon? soyons francs. Une œuvre d'art s'embarrasse-t-elle de concours étrangers? Rendrions-nous les *Contes de La Fontaine* des fermiers généraux plus agréables, pour y loger les vignettes postérieures composées sur le même sujet ?

Cette volonté de « chinoiser » les livres à tout prix manque un peu de sagesse, elle choque le bon sens à tout le moins. C'est en petit ce que tentaient nos pères, qui faisaient recoiffer les portraits de femme, et ajouter des ordres aux seigneurs nouvellement promus. L'ouvrage, bon ou médiocre, doit rester lui ; avant l'intrusion de feuilles étrangères il a son importance d'étude, il est original ; il devient banal pour admettre des coquettes qui font chez lui la figure de personnes très évaporées et très jeunes dans la maison d'un monsieur grave et revenu des vanités.

La réunion des tirages différents pour les vignettes spéciales à un livre s'explique mieux, encore que les vrais amateurs s'en puissent passer. Un bois obtenu en clair, en foncé, en bistre, sur japon, sur chine ou sur vélin, est toujours le même bois. S'il est excellent, il ne gagne rien ; s'il est médiocre il perd plutôt. Cette recherche n'est bonne qu'en un seul cas, celui où l'artiste ajoute des travaux sur le cliché entre chaque tirage. Les effets pouvant alors changer et se transformer, il est admissible de mettre les

épreuves en opposition entre elles. Pour l'eau-
forte plus encore que pour le bois, car le procédé se prête mieux aux retouches, aux variétés
d'effets, aux écritures définitives. On suit ainsi
la pensée de l'illustrateur pas à pas, on assiste à
son travail pour ainsi dire, on enferme dans son
exemplaire les tâtonnements qui en forment la
chronique, on a le document, l'histoire com-
plète de la naissance. Peu importent les papiers
ou les encres dans l'espèce, même les étoffes
dont raffolent pour l'instant les bibliophiles ; ce
sont des coquetteries, et seulement des coquetteries, que l'amoureux du livre abandonne à qui
de droit.

En ce qui concerne l'acquisition à grands frais
des illustrations originales, pour les relier dans
le texte, on peut louer cette façon galante de
sauver de la dispersion les modèles dont les amateurs moins fortunés n'ont que la traduction
parfois malhabile. Mais au strict point de vue
de l'harmonie savante entre les feuillets impri-
més et les feuillets historiés, il y aurait beaucoup à dire. Lavés d'aquarelle, les originaux
bariolent le volume ; exécutés en noir, ils perdent toute leur valeur. L'encre grasse de la

LE VICAIRE

DE WAKEFIELD

Vignette de V. A. Poirson, illustrant
le faux-titre d'un exemplaire du *Vicaire de Wakefield*.
(Bibliothèque de M. Ferroud.)

typographie terrorise la douceur des encres de
Chine les mieux teintées. Jamais l'aspect général
d'un livre accommodé de la sorte ne soutiendra
la mise en regard de l'autre, le modeste, naïve-
ment accoutré de ses eaux-fortes ou de ses bois.
Là est l'écueil de ces contre-sens ; on détient un
objet sans rival, *celui que le voisin n'a pas,* on
a la pie au nid, le serpent à plumes, mais on n'a
pas un exemplaire convenable, ni sérieux, ni
vrai.

L'idée de ces « numéros 1 » n'est point an-
cienne en bibliofolie ; on a accusé Dumas fils de
l'avoir eue le premier, mais en d'autres circons-
tances. Il ne s'agissait pas, en effet, de réunir les
dessins d'un artiste chargé de l'illustration d'un
volume, dessins vendus après besogne faite ;
bien au contraire, Dumas aurait pris un de ses
romans, *L'Affaire Clémenceau,* sur grand papier,
et livrant à ses amis peintres ou dessinateurs
les feuillets détachés, se serait ainsi formé l'exemplaire le plus truculent, le plus désirable, le plus
rare, que collectionneur eût pu voir passer dans
ses rêves.

La légende a comme d'habitude été très favo-
rable à l'illustre écrivain, car on ne prête qu'aux

gens connus pour avoir pignon sur rue. La
vérité est qu'un beau matin d'il y a quinze ou
vingt ans, un bibliophile de province tombait à
l'improviste chez Dumas, portant relié sous
son bras un curieux bouquin. Il sollicitait pour
la première page un autographe du maître, et
lui avouait, en baissant les yeux, qu'il avait bâclé
à sa façon une décoration originale sur le texte,
son texte à lui Dumas. Celui-ci trouva, sinon les
inventions excellentes, du moins l'idée absolument neuve. Il ignorait les essais antérieurs du
même genre, entre autre le *Musset* gravé depuis
et dont nous parlions tout à l'heure, que le
peintre Eugène Lami avait composé d'enthou-
siasme pour M. Didier. On ne sait pas tout.

De là naquit cette *Affaire Clémenceau* dont les
journaux d'art firent grand bruit, il y a dix ans
juste, et que des artistes comme Gustave Bou-
langer, Bonvin, Meissonier, Bouguereau, For-
tuny, Gérôme, Giraud, Vibert, Detaille, la prin-
cesse Mathilde, Harpignies, marquèrent d'un
dessin à chaque page. La plus singulière et
troublante olla podrida que cette Croix-de-Berny
de tempéraments divers, souvent opposés, cou-
rant au même but en de très différentes fortunes !

Devant que de naître l'œuvre était classée, émoustillant les bibliophiles, encourageant les éditeurs à l'imiter. On la nomma un *missel mondain*, bien que la messe fût fort étrangère à l'histoire. « Oh ! de ce Dumas pas moins... » murmurait Daudet dans sa langue tarasconnaise, avec quelque jalousie. On loua, on critiqua, on critiqua surtout, et comme corollaire, tout en critiquant on se mit à copier la chose. Nos exemplaires uniques, formés des dessins originaux, n'ont pas d'autre précédent que celui-là ; sans Dumas, les maquettes de gravures continueraient à s'empiler dans les officines, sans avenir et sans gloire. Cet homme porte bonheur à tout ce qu'il touche, comme disait Talleyrand de Napoléon avant Waterloo.

A cette heure, c'est une pratique courante en librairie de se défaire des dessins en faveur du plus offrant et dernier enchérisseur. L'éditeur y trouve son compte, et ses frais d'illustration lui rentrent à peu près d'un seul coup. Comme il n'est pas donné à tout le monde d'aller à Corinthe, les personnages très riches approuvent ce nouveau moyen ; mais ceux-là sont encore dans une posture modeste. Leurs dessins ont été gravés, publiés, ils sont connus, ce qui est une infériorité. Les plus orthodoxes agissent à la façon de Dumas fils, ils se commandent des vignettes particulières dont ils laissent reproduire un ou deux spécimens pour prendre date; il y a de par le monde quelques *Fables* de La Fontaine, quelques *Racine* ainsi accoutrés, dont les adeptes vantent la belle ordonnance. Qu'importent aux amoureux du livre ces raretés, ces unités béates inventées pour le plaisir d'un seul? A quoi servirait l'imprimerie, la grande généralisatrice d'idées, si par la fantaisie de ces jaloux nous faisions retour aux manuscrits de l'ancien temps, écrits à un exemplaire? M. Melchior de Vogué avait une plus juste compréhension des choses, qui permettait naguère à Launette de reproduire et de mettre en vente le *Portrait du Louvre,* orné de vignettes par le comte de Laigle pour lui-même. L'originalité du travail y garde sa fleur, car l'auteur ne prévoyait pas, et surtout était loin de viser les gloires de l'édition.

Certains collectionneurs ont pour le moment la monomanie de papiers extraordinaires, et quand paraît un ouvrage, ils apportent leur stock de rames spéciales qu'on fait passer sous la

Vignette de MESPLÉS

Illustrant le faux-titre d'un exemplaire de AVRIL,

par ALEXANDRE PIÉDAGNEL.

———

Gravée par MM. VERDOUX, DUCOURTIOUX et HUILLARD.

presse à leur intention. Les feuillets de garde des vieux livres ont pâti de ce goût nouveau. On les arrache et on se fait ainsi des exemplaires sans rivaux, formés de toutes marques de fabrique, et le plus ordinairement d'une souveraine déplaisance.. Quel but à cette recherche, je vous prie? On a donné pour excuse la patine exquise apportée par le temps à ces feuillets antiques, et la douceur des eaux-fortes tirées sur eux. Quelqu'un a dit qu'ils étaient amoureux de l'encre, et qu'ils en buvaient jusqu'à la moindre parcelle oubliée dans les tailles ; qu'ils avaient devant eux la durée, ayant fait leurs preuves depuis un ou deux siècles. Raisons spécieuses destinées à colorer une folie, et rien de plus. Sur ces pages rêches, grises, nos impressions contemporaines font l'effet de nouvelles étoffes d'ameublement clouées sur d'anciens bois ; il y a rupture d'équilibre, et l'art sincère ne s'arrange point de ces compromissions saugrenues. La singularité, pas plus en librairie qu'en architecture ou en peinture, n'est jamais une preuve de goût ; les gens avisés se gardent de ces intentions prétentieuses comme de peste.

Il est vrai que cette question des papiers — il

7

y a aussi une question des papiers, notre siècle
est aux questions — a son intérêt grave en matière de publications. Nos chimies savantes ont
falsifié les vins, les laitages, et surtout les vélins,
les chines et les japons. L'idée que le beau livre
d'apparence impeccable qu'on habille de maro-
quins, — d'ailleurs mal tannés et truqués aussi, —
que cet exemplaire rare et cher se couvrira dans
un temps de tâches roussâtres, se coupera, s'effri-
tera comme un badigeon de mauvaise qualité,
n'est pas sans arrêter les plus braves. On a depuis quelque temps suppléé à ce manque de
confiance par l'adjonction des capacités, de ces
papiers du Marais, pareils à des tissus très min-
ces et qu'on répute impérissables. Au fond, les
maisons qui se respectent savent où trouver le
bon japon et le bon chine, et comme ce sont
celles-là précisément qui nous préparent les éditions soignées, il faut avoir confiance. Mais le
choix à faire d'un ouvrage ne s'en doit pas tenir
seulement à ces prévisions de durée et à ces
calculs probables. Il y a des livres qu'on n'achè-
tera pas sur chine, parce que ce papier essentiellement ténu et impondérable réduit à l'état
de plaquette les brochures les plus rebondies.

C'est un maigre, où les tailles-douces foulées par
la presse mettent des transparences comme des
pelures d'oignon ou des vitres à une fenêtre. Et
puis il le faut avouer, en dépit de ses qualités
résistantes, le chine est très hygrométrique, il a
ses nerfs, ses chloroses ; il est nécessaire de le
traiter en lymphatique, ennemi des humidités.
Ceux qui ne le coupent pas s'exposent à des re-
grets éternels, car une surveillance incessante
est nécessaire. Le contraire existe pour le japon,
qui est brutal, vigoureux, épais. Ni l'impression
des caractères, ni celle des gravures ne l'enta-
ment ; c'est un tempérament robuste et bien en
chair, qui vit sous tous les climats. L'amoureux
du livre ne lui fait qu'un reproche, deux peut-
être ; par sa consistance même, le japon bâtit
d'un livre ordinaire un monument pataud et en-
goncé d'assez piteuse allure ; et toujours à cause
de cette résistance, il offre moins de souplesse,
moins de docilité au tirage des gravures.

Le bibliophile prend sans regarder et sans réfléchir, ou les chines ou les japons d'une œuvre,
parce que sur chine ou sur japon. L'amoureux
du livre discute, compare, estime le fort et le
faible, et parfois entre les deux contraires choisit

le whatman, ou le marais. Pour lui, le marais
est un centre modéré, comme autrefois le Marais
de la Convention. *In medio stat virtus!* expli-
quaient les antiques sagesses.

L'homme qui se formerait une bibliothèque
exclusivement d'un papier, ressemblerait à ce
Yankee amoureux de la cheviot, qui s'habillait
en cheviot, avait des chaussures et un chapeau
de cheviot, et des draps de lit en cheviot.

Une autre folie du jour, c'est la chasse aux
premiers tirages d'une œuvre, supérieurement
exploitée par les éditeurs habiles. « Hâtez-vous,
soupirent leurs catalogues, bibliophiles jaloux
de posséder la fleur de mon livre! De un à cent,
mes exemplaires sont obtenus sur des caractères
et des gravures qui seront défraîchis bientôt. » Et
sur la crainte de voir le fatidique *Épuisé* marquer
ces prémices de sa note lugubre, on réclame en
hâte sa part au gâteau, par dépêche quelquefois,
ce qui amuse tant les metteurs en scène. Hélas!
que sont devenus la fleur, la crème, le premier
tirage, depuis l'aciérage des cuivres, le clichage
des bois? Pensez à la multiplication infinie
des vignettes par ce moyen, et à la possibilité où
nous sommes aujourd'hui de remplacer les types

fatigués par des nouveaux, comme on chante dans la *Marseillaise*. Il s'ensuit que, sauf pour le papier de luxe, ordinairement réservé aux premiers numéros, le dernier exemplaire obtenu vaut au moins le premier, et que les tard venus mangent à la même écuelle ; nouveau motif pour ne s'emballer pas et choisir à bon escient son gibier. Il n'est pas habile de tirer les poules envolées les premières, quand on sent une bonne réserve de coqs derrière soi.

Pour résumer, nous établirons ce principe sur le fait d'éditions contemporaines : un livre, pour l'amateur sérieux, éclectique et raisonneur, n'est beau que d'une beauté absolue, résultant de l'alliance artistique entre ses divers éléments, et non d'une beauté relative, empruntée aux subterfuges, aux pratiques extrinsèques. C'est affaire au collectionneur de motiver son choix et de ne pas se laisser guider par les réclames ou les opinions courantes. Il y a du bon partout, même dans les plus humbles choses. Je l'ai dit déjà, je le répète, car on ne saurait trop le redire, le procédé n'est rien, le résultat obtenu est tout. Ne vaticinez pas avec certains intransigeants que la *Vie rustique* eût plu davan-

7.

tage, illustrée à l'eau-forte. Mettons ! mais à la condition expresse que les eaux-fortes souhaitées eussent valu les bois. Les *Contes rémois* de Meissonier aussi, peut-être, se fussent mieux trouvés du travail d'un aqua-fortiste, pourvu que sa pointe dépassât les finesses du burin de Lavoignat. Ce sont là questions oiseuses ; les meilleures choses sont... les meilleures, et celles-là seulement. Il n'est de règles absolues qu'en arithmétique et encore...

LES PROCÉDÉS DE DÉCORATION

ENNEMI des réglementations, des idées éternelles, partisan de la bride sur le cou dans une certaine mesure, l'amoureux du livre est cependant obligé de se faire une opinion juste sur ce que nous appelons le goût en langage moderne, et qui est une compréhension subtile construite de tradition un peu, de tendances générales, limitée pourtant aux moyens pratiques de l'impression et de la décoration contemporaines. Le livre a eu la particulière fortune de naître complet au quinzième siècle et à peu près définitif, comme Minerve sortant de la cervelle de Jupiter. Ce qu'on a tenté depuis, et ce que nous voulons encore aujourd'hui, c'est toujours — perfectionnements de détail à part — la *Bible* de Fust et de Schœffer, ou les *Heures* de Simon Vostre. Même l'introduction de vignettes en taille-douce dans le texte, que nous proclamons l'élégance suprême pour l'instant, remonte aux éditeurs du *Monte Santo di Dio*, et nous reporte aux précurseurs de Raphaël. Tout au plus pourrions-nous revendiquer les impressions polychromes, s'il n'y avait des précédents aussi dans les vieux missels tirés à la presse et ornés de planches au trait que les miniaturistes enluminaient ensuite. La photogravure exceptée, les presses mécaniques mises de côté, nous en sommes, après quatre cents bonnes années de recherches et de perfectionnements, au point précis où Gutenberg, le spiegelmacher, en était à la fin du règne du très chrétien roi Louis onzième de ce nom. Telle est la vérité toute nue, un peu brutale, et qui paraît au premier abord si invraisemblable.

Donc, si tant de bonnes volontés, tant de forces successives se sont usées depuis lors, si nous avons les pareils caractères mobiles que les vieux, des clichés semblables, si nous plions à leur mode les feuilles imprimées et si nous les relions comme ils les reliaient, sans l'ombre d'une différence ou d'un progrès, c'est bien avouer leur génie et notre impuissance tout ensemble. Il y a d'ailleurs ce fait que jamais les excursions en dehors des traditions n'ont été bien profitables. A la naissance du livre, les praticiens avaient connu le tirage en deux couleurs, rouge et noir; nous en sommes là encore, là sans espoir d'en sortir, car le bariolage des textes est condamné d'avance par nos ophtalmies.

Devant un principe aussi immuable, il nous reste la ressource des tailleurs en matière de costumes. De même que ceux-ci ne copient pas servilement, dans nos accoutrements contemporains, les coupes et les formes du temps d'Anne de Bretagne; que tout en conservant un principe identique, ils le modifient, l'accommodent à nos besoins, j'allais dire à notre art contemporain, et lui créent une physionomie à part, de même nous oserons communiquer aux œuvres de l'esprit une direction opposée à la transcription des travaux primitifs. Le livre contemporain ne doit rappeler Gutenberg que par son essence, puisque nous ne savons trouver mieux; mais si nos mondaines ont quitté les chaperons à templettes,

les escoffions de Catherine de Médicis, ou les
bouffons de Ninon de Lenclos, il est juste d'ou-
blier une bonne fois, en librairie, les caractères
gothiques, les lettres de Geoffroy Tory ou les
inventions de Claude Mellan pour autre chose.
Le très juste orgueil d'être nous-mêmes a pros-
crit de nos ateliers les types étrangers dont nous
vantions naguère les fines proportions; nous en
sommes venus tout naturellement au caractère
contemporain par excellence, la lettre taillée par un
maître français, large et lisible, qui fera reconnaître nos ouvrages entre mille dans un siècle.

C'est dire que les pastiches d'autrefois, si
merveilleux qu'ils se montrent, si précieux qu'ils
soient, n'ont qu'un intérêt relatif de redite habile ; les résurrections du dix-huitième siècle
qui nous envahissent, la prétention de refaire
le temps passé, ont tout juste la valeur d'une transcription ou d'une compilation, peu d'importance
en somme. Les travestissements gênent toujours,
on n'est à son aise que dans sa veste d'habitude.
Et comme l'artiste, de quelque branche qu'il vive,
aime à espérer l'avenir pour son œuvre, ne
pouvons-nous pas, grâce aux exemples récents,
prédire une moindre durée aux besognes de

reprises, vite démodées et ridicules, que non pas aux contemporaines notant leur époque et marquant une originalité?

Je me répète volontairement, ayant à déterminer le goût actuel en matière d'illustration des livres, et je souhaiterais que ceux qui en composent comprissent bien cette innocente critique. Pourquoi, ayant à entreprendre la décoration d'un *Émile* de Rousseau, d'un *Théâtre* de Marivaux ou d'un roman de Voltaire, s'en revient-on sans hésiter aux petites eaux-fortes poussées, précieuses, inspirées des travaux du dix-huitième siècle ? Notre tempérament n'y est plus, nous avons une différente habitude d'envisager les sujets, nous nous plions difficilement à cette façon coquette et mièvre de parler. On considérerait comme une hérésie de ne point chausser les souliers à boucle des marquis, et de ne parodier point Gravelot ou Marillier dans l'espèce. Supposez un audacieux tentant une transposition et mettant ces jolies scènes en figures sur bois, on les regarderait à peine, si on les regardait; et cependant, il ne ferait pas chose pire que de tenter un art désappris, oublié, ou de vouloir ressusciter un mort.

Encore la recherche érudite peut-elle s'expliquer dans une certaine mesure, quand il s'agit de revenir au passé ; mais si, pour les vignettes purement contemporaines, pour la mise en œuvre d'un roman de Daudet ou de Zola, on se veut inspirer des tailles sur bois de Geoffroy Tory, ou d'Holbein, réduites à la ligne de contour ; si l'on exploite les moyens de Cochin ou de Choffard, on a grand tort. Notre plus sérieux mérite est d'avoir tiré des bois les teintes que seules autrefois les tailles douces savaient à peu près rendre. Gustave Doré fut l'inventeur du procédé, il a fait école, et nous voici pour l'instant en possession d'un outil bien à nous autres, dont le livre moderne n'a point épuisé la solidité merveilleuse. Quant à l'eau-forte, nous la comprenons autrement que nos prédécesseurs ; la couleur, dédaignée par eux, est justement ce que nous aimons aujourd'hui. Un bel ouvrage, bien de son temps, bien actuel sera donc pour nous celui où des vignettes savoureuses, grasses, bien timbrées, habilleront un texte clair.

Dans le choix à faire d'un livre de luxe, l'amoureux du livre n'hésite pas, on le sait. Il va de préférence à celui dont l'allure s'écarte le plus franchement des pastiches ; il n'a point grande peine à se guider. Nos pères cherchaient la ligne, comme je le disais, la précision méticuleuse des figurines ; nous sommes au contraire entraînés par ce je ne sais quoi d'indécis et de flou dont la nature enveloppe les êtres. La caractéristique de notre art d'illustration dérive de la manière solide, un peu cruelle, dont nos peintres procèdent pour l'instant. Les graveurs sur bois se sont ingéniés à faire rendre à leurs travaux l'intensité vigoureuse des empâtements ; même pour la vignette, ils préfèrent les tons violents et les lumières crues. Ils ne ressemblent point à Moreau le Jeune probablement, mais ils sont eux, ce qui vaut cent fois mieux. Ils ont même sur les aquafortistes la supériorité matérielle de pouvoir pénétrer plus intimement dans le gros œuvre du livre, de n'y point apporter de surprises, et d'y vivre sur le même pied que le texte. De là, la bonne place qu'ils se sont faite depuis dix ans en çà, en attendant ce que l'avenir leur réserve.

Les « loueurs d'autrefois », *laudatores temporis acti*, dont Horace connaissait déjà les exclusivismes, ne se sont point rendus à la figure sur bois. Ils lui reprochent de s'éloigner pour le

8

quart d'heure des finesses d'épargne, de viser
trop à l'effet, de semer de taches les pages d'un
volume. Le grand maître Luczelburger s'en
tenait, disent-ils, à la simple détermination de la
ligne sans presque d'ombres, et Luczelburger
fut un imagier admirable. Certes, et avec lui
Tory, Pigouchet, toute la pléiade des tailleurs
d'histoires du seizième siècle. Mais lorsque ces
hommes fameux allaient de Paris à Rome, par
exemple, ils se servaient des moyens de trans-
port usités alors, le dos d'un roussin, ou le siège
d'une carriole ; nous autres, à présent, nous
prenons le chemin de fer. Comme Gustave Doré
a su tirer des bois les accentuations jusqu'à lui
réservées aux planches en creux, pourquoi en
resterions-nous à Luczelburger ? Même le reproche ordinaire fait par les classiques à ce nouveau mode d'opérer, à savoir que le travail
manuel y tue un peu l'art, n'est plus juste aujourd'hui. Nous avons des graveurs sur bois
originaux, rivaux des aquafortistes, des gens
transcrivant eux-mêmes leur idée sur le buis.
Tout dernièrement, des artistes hyperaventureux
et supra-modernes se réunissaient à huit ou dix,
et à leurs risques et périls, comme les associés

Vignette

pour le *Journal à Paris*.

Gravure d'après A. Lepère.

de la *grand navire* sous Louis XIII, publiaient un livre de Clovis Hugues sur le *Journal à Paris*, où ils prodiguaient les figurines inventées par eux, taillées par eux, de très vibrantes et chaudes vignettes qui peuvent sans souci recevoir la comparaison des meilleures.

Alors n'est-il point un peu puéril de proscrire un procédé quand le résultat en est excellent? La taille sur bois est-elle donc si inférieure aux tailles-douces, proclamées artistiques, celles-ci? Les *Contes* de François Coppée, publiés chez Houssiaux, encore que rapidement enlevés par les bibliophiles, nous renseignent sur les crudités du burin moderne en fait d'illustration. Les dessins de Flameng, interprétés par les premiers graveurs de notre temps, ont pris un ton métallique peu seyant; c'est excessivement parfait, mais le buriniste contemporain, habitué aux grandes surfaces des travaux de conséquence, n'a plus la main à l'échelle des petites choses. On sent que ce moyen de transcription en est à son âge très mur, et qu'il lui faudra rencontrer sous peu une fontaine de Jouvence, à peine de descendre définitivement dans la tombe.

L'eau-forte et le bois, voilà quels sont nos

8.

véritables agents de décoration artistique, à
égalité tous deux. La première s'est substituée à
la taille-douce traditionnelle par l'élasticité supérieure de son tirage, et la qualité rare de pouvoir
donner plus qu'elle ne possède. Un encrage
habile, une supercherie, et la planche modeste
aux traits légers et peu écrits s'estompe de co-
lorations puissantes.

Sans aller aussi loin que le baron Lepic, qui,
d'un même cuivre, tirait des soleils sahariens ou
des neiges de Sibérie, des aurores ou des nuits
à volonté, on imagine le champ laissé à l'impri-
meur, la latitude de modérer suivant le papier,
de retenir ou de forcer la note. Avec le burin,
ce qui est écrit est écrit, c'est la fatalité orien-
tale ; tous les traits portent et les blancs demeu-
rent ; avec l'eau-forte, ce qui est écrit peut être
tout ou n'être à peu près rien. L'un est la forme,
l'autre la couleur, — Ingres et Delacroix, — et
comme nos tendances sont à la couleur, l'eau-
forte est essentiellement le procédé contemporain de traduction. Elle l'est si bien, qu'elle s'est
emparée subrepticement des besognes héroï-
ques, tout autant que de la vignette ; il n'est affaire que d'elle à présent.

Frontispice pour *L'Œillet bleu*.
Dessin de Delort, reproduit en gillotage.

Les éditeurs osés lui ont même donné place dans le texte, en multipliant les difficultés ; elle s'y montre adorable. Son encre bistrée tranchant sur celle des caractères lui donne de faux airs de sépias. Elle enveloppe moelleusement les en-tête, sans bigarrer jamais à la façon des bois tirés en ton. Voyez-la dans la *Notre-Dame de Paris*, illustrée par Merson pour l'éditeur Testard : elle a la saveur d'un camaïeu. Elle a plus de mutinerie dans la *Sylvie* de Conquet, plus de finesse contenue. Dans les *Châteaux historiques* d'Eugène Sadoux, pour l'éditeur H. Oudin, elle éclate en notes violentes. Partout elle est jolie, attachante, et comme on le disait de Diane de Poitiers, « ce qu'elle cache ou ce qu'elle montre est le parfait des autres ! » Plus que le bois, elle supporte la médiocrité à cause de ses prodigieuses ressources extrinsèques ; chez elle, une faute de dessin se noie dans la couleur, quand le burin au contraire souligne l'erreur et l'expose impitoyablement aux regards. Le burin est le Cham de nos arts graphiques, l'eau-forte en est le Sem ou le Japhet, elle jette un voile.

L'héliographie qui s'est venue joindre à ces deux facteurs hors de pair se démène furieusement pour avoir sa part. Quoique dédaignée et raillée encore, comme nous le disions, elle n'abandonne point le champ. On la voit s'insinuer timidement par endroits, et frapper en d'autres de grands coups audacieux. En dépit de l'ostracisme où la tiennent les directeurs de la mode en bibliophilie, elle compte déjà quelques succès dont il est force de faire nombre. J'ai eu occasion de noter ci-devant ces premières mises, en parlant du *Conte de l'Archer* et des livres publiés chez Boussod et Valadon, successeurs de Goupil; j'en pourrais marquer d'aussi importants chez Plon, chez Launette ou chez Decaux. Sans doute il y a des réserves à faire à ce propos, et l'intervention des objectifs, des plaques, des bains chimiques, suppléant un graveur pensant, calculant, peut arrêter les enthousiasmes. Cependant, à bien réfléchir, que demandons-nous au graveur? Le mot à mot, la translation calquée de son modèle, sans rien de plus; nous estimons même que le meilleur traducteur est celui qui use le moins de périphrases. Un bon discours gagne à être sténographié sans interpolations ni corrections. Voilà pourtant le plus grand mérite, le seul mérite de l'héliographie, et par un manque

Couverture pour le *Calendrier de Vénus* d'Octave Uzanne ;
Dessin de Vierge, reproduit en gillotage.

de logique indiscutable, les meilleurs esprits le discutent et en font fi.

Il est équitable de ne point afficher de ces dédains *a priori*, surtout quand de très agréables réussites apportent leur démenti aux affirmations préalables. Je l'accorde volontiers, encore que sans chaleur, les héliogravures en relief ou en creux ont souvent une valeur crue et dure ; plus que tout autre procédé, elles amplifient les erreurs du modèle et les commentent. Mais que l'original reproduit soit hors de critique, et elles ne le gâteront point. Jugez-la dans l'*Armée Française* d'Édouard Detaille, et quand vous l'aurez trouvée tour à tour claire, nacrée, presque rivale des dessins, dites que vous ne l'estimez pas une quantité si négligeable. Pour les seuls livres de reconstitution que l'amateur sérieux admette, c'est-à-dire ceux qui reproduisent directement les œuvres d'époque, elle a le pas sur tous les autres moyens ; elle saura tout aussi bien redire les empâtements d'un Franz Hals que les timidités d'un Clouet, ou les mièvreries de Mme Vigée. D'après les tableaux, les dessins, ou la nature même, elle parle sans menteries ni amplifications. Bien tirée dans le texte, elle marche très près de

l'eau-forte, maîtresse souveraine, et tel volume
de Goncourt chez Quantin, ou de Nolhac chez
Boussod et Valadon, mérite plus d'égards que
toutes les inventions gravées, aquafortées du
même ordre. Répétons-nous :

*L'art ne réside pas seulement dans le procédé
de traduction, mais surtout dans le type original
qu'il s'agit de rendre.*

Dans les œuvres à l'eau-forte, au burin ou
sur bois, deux mains se succèdent : celle du dessinateur et celle du graveur ; il y a donc deux
choses à juger. La première peut être excellente
et la seconde médiocre, ou réciproquement.

Pour les œuvres en héliographie, il ne reste
guère que le dessinateur, et les raisons d'errer
ou de se tromper diminuent.

En matière d'ouvrages d'imagination, de
poèmes, de romans, l'eau forte et le bois oc-
cupent le premier rang ; pour la transcription
littérale des tableaux ou des estampes d'autrefois, la photogravure est la première. Non seulement elle est utile, elle était nécessaire.

Produite en relief, elle autorise les coloriages
typographiques, et donne les *Quatre fils Aymon* de
Launette ; traitée en aquatinte, elle nous offre

Vignette de Berne-Bellecour.

Impression en chromotypographie par J. Montorier.

————

La planche suivante donne la gamme des tons employés pour l'impression.

L. Berne-Bellecour.

Vignette de BERNE-BELLECOUR

Impression en chromotypographie par J. MONTORIER.

Gamme des six tons employés pour l'impression

de la planche précédente.

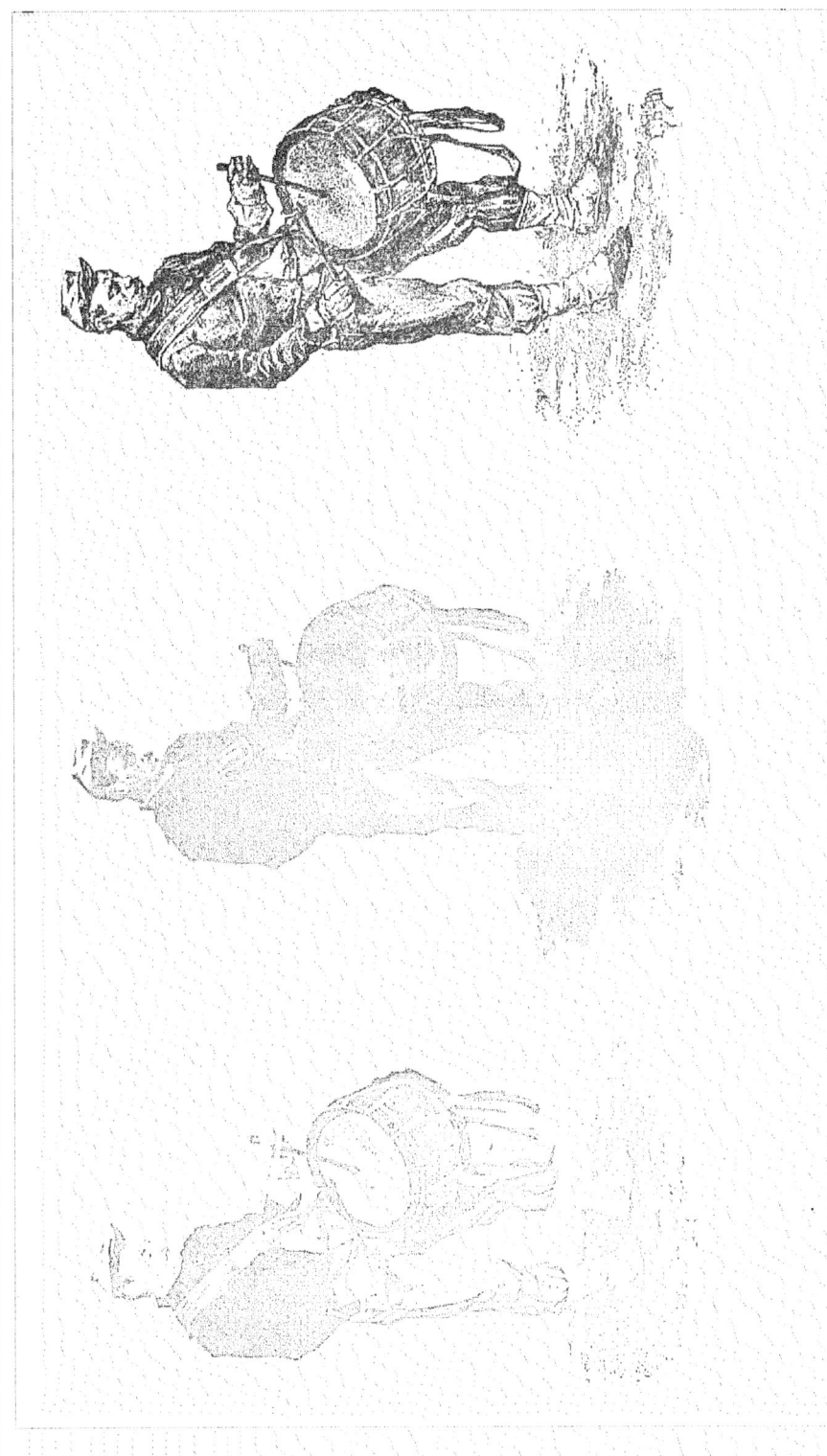

l'*Armée Française* ou *Xavière*, de Boussod : ouvrages que les plus épilogueurs, les plus dédaigneux, les plus timorés bibliophiles pourront
feuilleter sans décheoir. Assurez-vous d'ailleurs
que son dernier mot n'est pas dit, et que probablement l'avenir nous réserve de son fait beaucoup de surprises.

Les Persans disent : « En quoi peut vous inté-
resser la couleur de la main qui vous caresse? »

Qu'importe à l'amoureux du livre contemporain le bois, l'eau-forte, le burin ou le procédé
héliographique, le caractère gras ou le maigre, le
papier fort ou le faible, si l'ouvrage à acquérir
se présente bien, s'il est homogène, joyeux à
l'œil, s'il a ce je ne sais quoi d'attrayant, de définitif qui vous force à le prendre, et vous con-
traint à le garder toujours une fois que vous
l'avez pris?

Le livre moderne qu'il *convient* d'acquérir est
justement l'œuvre renfermant en soi ce coup de
foudre qui fait de l'amateur un Saul sur le chemin de Damas. Et Dieu sait qu'il y en a de ces
trésors, et nombreux, et inconnus, et enfouis
dans l'oubli systématique! De tous calibres, de
toutes provenances, illustrés ou non, souvent

égarés sur les quais, honteux comme des chiens perdus trottant dans la boue, rares épaves menacées d'une destruction prochaine et irrémédiable. Souvenez-vous des *Contes drôlatiques* ainsi traités qui depuis ont pris leur revanche. Bien d'autres attendent leur heure qui ne seront ni moins choyés ni moins heureux, en dépit de leurs maculatures; c'est affaire aux gens sérieux de ne les point laisser périr de misère sous la pluie, sous le vent ou par des mains sales...

TABLE

—

L'auteur au lecteur.   9

Les livres contemporains. . . .   17

La bibliofolie contemporaine. .   61

Les procédés de décoration. . .   79

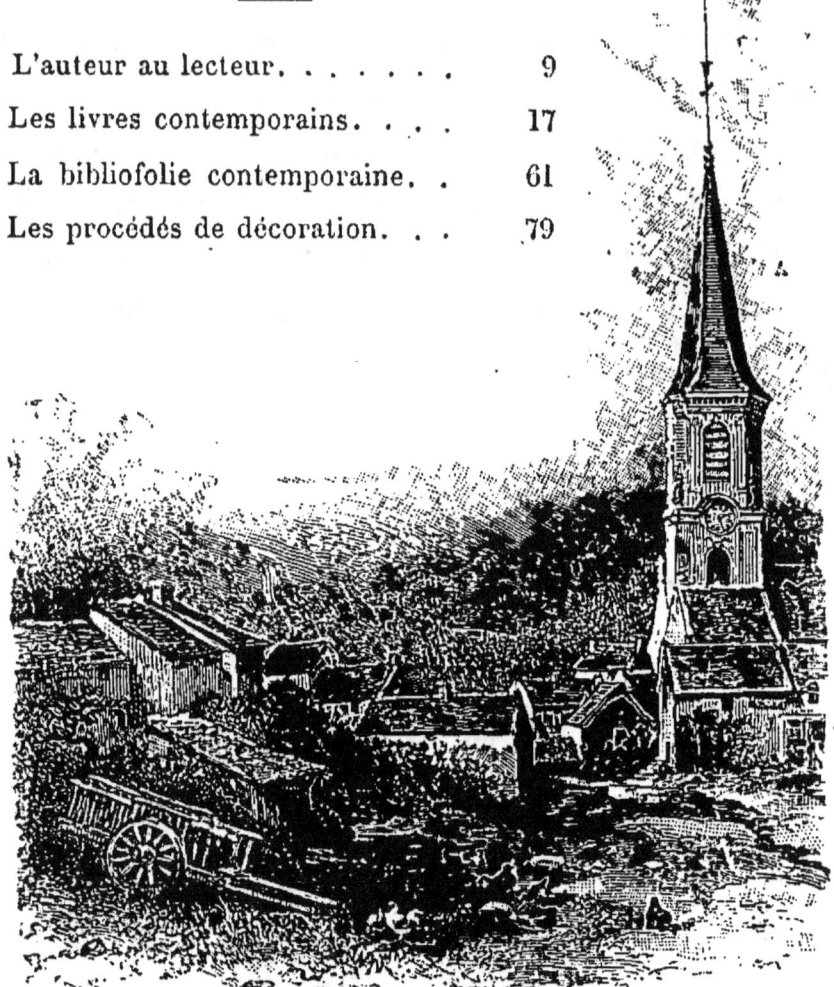

Vignette de *Sous bois*. (Conquet, éditeur.)

9.

ACHEVÉ D'IMPRIMER LE 12 FÉVRIER 1891

PAR

D. DUMOULIN ET Cie

POUR

ÉDOUARD ROUVEYRE ÉDITEUR

Bibliothèque des Connaissances utiles aux Amis des Livres

LES
EX-LIBRIS

ET LES

MARQUES DE POSSESSION DU LIVRE

PHYSIONOMIE ET HISTOIRE

CHOIX D'UNE MARQUE PERSONNELLE

CLASSEMENT D'UNE COLLECTION

PAR

HENRI BOUCHOT

Du Cabinet des Estampes

Impression de luxe en caractères neufs par Dumoulin et Cie.
Un volume in-18 jésus.

———

TIRAGE A 750 EXEMPLAIRES, TOUS NUMÉROTÉS

20 exemp. papier du Japon. Nos 1 à 20 (25 fr.), souscrits.

20 exemp. pap. de Chine. Nos 21 à 40 (20 fr.), souscrits.

20 exemp. pap. Whatman. Nos 41 à 60 (16 fr.), souscrits.

40 exemp. pap. vergé . . . Nos 61 à 100 (12 fr.), souscrits.

650 exemp. pap. vélin teinté. Nos 101 à 750 . . . . 6 fr.

Bibliothèque des Connaissances utiles aux Amis des Livres

DES
LIVRES MODERNES
QU'IL CONVIENT D'ACQUÉRIR

L'ART ET L'ENGOUEMENT

LA BIBLIOFOLIE CONTEMPORAINE

LES PROCÉDÉS DE DÉCORATION

PAR

HENRI BOUCHOT

Du Cabinet des Estampes

Impression de luxe en caractères neufs par DUMOULIN et Cie.

Un volume in-18 jésus.

TIRAGE A 750 EXEMPLAIRES, TOUS NUMÉROTÉS

20 exemp. papier du Japon. Nos 1 à 20 (25 fr.), souscrits.
20 exemp. pap. de Chine. Nos 21 à 40 (20 fr.), souscrits.
20 exemp. pap. Whatman. Nos 41 à 60 (16 fr.), souscrits.
40 exemp. pap. vergé . . . Nos 61 à 100 (12 fr.), souscrits.
650 exemp. pap. vélin teinté. Nos 101 à 750. . . . . 6 fr.

Pour paraître en avril 1891.

EXEMPLES

CONDAMNABLES OU A IMITER

DANS

L'HABILLEMENT DU LIVRE

L'ART DU SIÈCLE
DE LA RELIURE DES LIVRES, SES QUALITÉS
ET SA DÉCORATION

PAR

HENRI BOUCHOT

Du Cabinet des Estampes

Impression de luxe en caractères neufs par Dumoulin et Cie
Un volume in-18 jésus.

TIRAGE A 750 EXEMPLAIRES, TOUS NUMÉROTÉS

20 exemp. papier du Japon. Nos 1 à 20 . . . . . . (25 fr.)
20 exemp. pap. de Chine. Nos 21 à 40 . . . . . . (20 fr.)
20 exemp. pap. Whatman. Nos 41 à 60 . . . . . . (16 fr.)
40 exemp. pap. vergé . . . Nos 61 à 100 . . . . . . (12 fr.)
650 exemp. pap. vélin teinté. Nos 101 à 750 . . . . 6 fr.